D1735534

O Signore, fa che la mia fede sia libera

(O Herr, gib, dass mein Glaube frei sei.)

Leonardo Sapienza

Papst Paul VI. und der Glaube

Leonardo Sapienza

Papst Paul VI. und der Glaube

media
maria

Titel der italienischen Originalausgabe:
Paolo VI e la Fede
© *Libreria Editrice Vaticana*

Bibliografische Information: Deutsche Nationalbibliothek.
Die Deutsche Nationalbibliothek verzeichnet diese Publikation
in der Deutschen Nationalbibliografie; detaillierte bibliografische Daten sind im Internet über http://dnb.ddb.de abrufbar.

PAPST PAUL VI. UND DER GLAUBE
Leonardo Sapienza
Media Maria Verlag, 1. Auflage 2014
Alle Rechte vorbehalten

© Media Maria Verlag, Illertissen 2014
Übersetzung: Udo Richter
ISBN 978-3-9454010-2-6

www.media-maria.de

Inhalt

Vorwort

Es ist fast ein halbes Jahrhundert vergangen, seitdem Papst Paul VI. am 22. Februar 1967 mit dem Apostolischen Schreiben *Petrum et Paulum Apostolos* ein »Jahr des Glaubens« ausrief. Es war dem damaligen Oberhaupt der katholischen Kirche wichtig, an das machtvolle Glaubenszeugnis der Apostel Petrus und Paulus zu erinnern, das diese 1900 Jahre zuvor durch ihr Martyrium in Rom besiegelt hatten. Der Papst wünschte sich von der ganzen Kirche für diese Feier, dass sie des Erbes der beiden Aposteln gedachte und den Glauben, der in der Frühzeit des Christentums so viele Menschen fasziniert und ins Herz getroffen hatte, zu ihrer eigenen lebendigen Erfahrung machen würde.

Bei einer Generalaudienz im März des Jahres 1967 hob Paul VI. hervor: »Wenn wir dem Glauben zustimmen, den die Kirche uns vorlegt, treten wir unmittelbar mit den Aposteln in Verbindung, deren Gedächtnis wir begehen wollen, und durch sie mit Jesus Christus, dem ersten und einzigen Meister; wir begeben uns in ihre Schule, überwinden den Abstand der Jahrhunderte, die uns von ihnen trennen, und machen aus dem jetzigen Augenblick eine lebendige Geschichte, die immer gleiche und der Kirche eigentümliche Geschichte.« Der Glaube, erklärte der Papst in der gleichen Ansprache und nahm damit die Definition des Konzils von Trient auf, »ist für den Menschen der Anfang seines Heils« *(humanae salutis initium est)*.

Im Juni 1968 beschloss der Heilige Vater das »Jahr des Glaubens« mit einem Glaubensbekenntnis, das er als »Credo des Gottesvolkes« bezeichnete. Wie der Papst erklärte, »haben wir damit Unsere unerschütterliche Treue zum *Depositum Fidei*, dem Glaubensgut, bekundet, das sie Uns überliefert haben, und Unseren Wunsch bekräftigt, es in der geschichtlichen Situation der pilgernden Kirche in der Welt zur Lebensgrundlage zu machen«. Paul VI. sah sich in die Pflicht genommen, den Auftrag zu erfüllen, »den Christus

Petrus übertragen hat, die Brüder im Glauben zu stärken. Wir sind sein Nachfolger, wenn auch dem Rang nach der geringste.«

Wer war dieser Nachfolger des Apostelfürsten, der in einer schwierigen Zeit, einer Epoche, die die Welt in Bewegung und Unruhe versetzte, der Kirche Jesu Christi auf Erden vorstand? Giovanni Battista Montini war am 26. September 1897 im norditalienischen Concesio (Brescia) geboren worden. Er entstammte einer großbürgerlichen, weltoffenen Familie, die tief im katholischen Glauben verwurzelt war. Der Vater war Herausgeber einer Tageszeitung und Abgeordneter des italienischen Parlaments. Der junge Montini hatte sich schon früh für das Priestertum entschieden. Da er über eine schwache Gesundheit verfügte, besuchte er von seinem Elternhaus aus die Vorlesungen im Seminar von Brescia. 1920 empfing er die Priesterweihe.

Er kam nach Rom, wo er 1921 in die Päpstliche Diplomatenakademie eintrat. Ein Einsatz in der Apostolischen Nuntiatur in Warschau im Jahre 1923 dauerte weniger als ein halbes Jahr, da ihn Gesundheitsgründe zwangen, in die Ewige Stadt zurückzukehren. Im Oktober 1924 wurde er in den Dienst des Päpstlichen Staatssekretariates berufen. Zeitgleich erfolgte die Ernennung zum Geistlichen Assistenten des Zusammenschlusses der katholischen Studentenschaft in Italien (FUCI). 1937 stieg er in den Rang eines Substituten im Päpstlichen Staatssekretariat auf und wurde damit engster Mitarbeiter des damaligen Kardinalstaatssekretärs Eugenio Pacelli und späteren Pius XII. In der Zeit des Zweiten Weltkrieges arbeiteten Monsignore Montini und der Papst Hand in Hand.

1952 bat er Pius XII., auf die ihm angetragene Kardinalswürde verzichten zu dürfen; der Papst ernannte ihn dann zu einem seiner beiden Pro-Staatssekretäre. Zwei Jahre später berief ihn Pius XII. zum Erzbischof von Mailand, der größten Diözese Italiens. Dort bemühte er sich, mit den ihm anvertrauten Gläubigen in unmittelbaren Kontakt zu treten: Er fuhr in die Pfarreien, nahm Firmungen vor und besuchte die Arbeiter in den

Fabriken. 1957 initiierte er eine große und erfolgreiche Volksmission. Im Konsistorium vom Dezember 1958 erhob ihn der im Jahr 2014 heiliggesprochene Papst Johannes XXIII. zum Kardinalpriester von SS. Silvestro e Martino. 1962 wurde er Mitglied der Zentralen Vorbereitungskommission des Zweiten Vatikanischen Konzils. Am 21. Juni 1963 folgte er Papst Johannes XXIII. auf den Stuhl des heiligen Petrus nach.

Mit bewundernswerter Tatkraft führte er als Paul VI. das Konzil weiter und beendete es zwei Jahre später. Der katholischen Kirche gab er durch seine Enzykliken, Pastoralreisen in alle Welt und Reformen – vor allen im Bereich der Liturgie – ein erneuertes Gesicht. Spontane Handlungen des Pontifex verblüfften Kirche und Welt: Seine persönliche Tiara, die dreifache Papstkrone, legte er als Gabe an die Armen auf den Altar der Peterskirche nieder; vor dem Abgesandten des Patriarchen von Konstantinopel kniete er in der Sixtinischen Kapelle nieder. Mit seiner Enzyklika *Humanae Vitae* setzte er ein unübersehbares

Zeichen für die Würde der christlichen Ehe. Nicht zuletzt seine Glaubensstärke und Demut führten zu einem kirchlichen Verfahren, das ihm am 19. Oktober 2014 die Ehre der Altäre zuteilen wird.

Jean Guitton, Philosoph, Schriftsteller, Mitglied der *Académie française* und von Johannes XXIII. offiziell als Beobachter zum Zweiten Vatikanischen Konzil eingeladen, kam in der Beurteilung Pauls VI. zu der Überzeugung: »Die Päpste der letzten Zeit konnten den modernen Menschen lieben und unterstützen, aber ihre Mentalität stimmte im Tiefsten mit der modernen Denkart nicht überein. Pius XI. war kernig, geradlinig wie ein Gebirgsbewohner; Pius XII. besaß die römische Festigkeit, mystische Glut und humanistische Bildung – aber fühlte er wie ein moderner Mensch? Johannes XXIII. war zwar modern in seinen Plänen, doch nicht in seinen Nerven und seiner Substanz. In Paul VI. stellt sich der moderne Mensch dar.«

Für den französischen Denker war die Ähnlichkeit des Papstes mit dessen Namensvetter, dem Völkerapostel aus Tarsus, bestechend. Der heilige Paulus habe jene Züge, die man modern nenne; er rühme sich seiner Schwachheiten, er bezeichne sich als zerrissen, als versucht, als unsicher: »Paul VI. gleicht in seinen Bestrebungen, in seinen quälenden Sorgen, in seiner ganzen Natur dem Menschen unserer Tage.« In dieser Schwäche aber liege eine Stärke, die Kraft, Schwierigkeiten ungeahnten Ausmaßes anzugehen und zu bewältigen. Und so könne der Papst von sich sagen: »Gerade weil ich eine ängstliche Natur habe, bin ich so energisch; gerade, weil mich Furcht beschleicht, überwinde ich sie besser als einer, der sie nicht kennt.«

Paul VI. empfand in dem Anspruch, in die Welt von heute einzutauchen, »modern« zu sein, keine Missachtung der Tradition. Im Gegenteil, ohne Tradition, ohne in dieser verwurzelt zu sein, aus ihr zu schöpfen und sie hoch zu achten, wäre für ihn der Schritt in die Neuzeit ein Fehltritt gewesen. Der durch fast zwei Jahrtausende überlieferte Glaube der Apostel und der frühen Kirche war ihm ein unverzichtbares Erbe. Am Ende seines Lebens konnte er sich mit Recht auf die Worte des heiligen Paulus berufen: »Ich habe den guten Kampf gekämpft, den Lauf vollendet, den Glauben bewahrt« (2 Tim 4,7).

Der Glaube Papst Pauls VI. zeigt sich eindrucksvoll und berührend in den Worten seines geistlichen Testaments: »Im Angesicht des Todes, dieser totalen und endgültigen Loslösung vom irdischen Leben, empfinde ich es als meine Pflicht, das Geschenk, das Glück, die Schönheit und die Bestimmung dieser flüchtigen Existenz zu rühmen: Herr, ich danke Dir, dass Du mich ins Leben gerufen hast, mehr noch, dass Du mich zum Christen gemacht, mich wiedergeboren und zu der Fülle des Lebens bestimmt hast.«

Ulrich Nersinger

Einleitung

Im Jahre 1967 schrieb Paul VI.: »[…] in ihrer Entwicklung neigt die moderne Welt, die auf bewunderungswürdige Errungenschaften im Bereich der äußeren Dinge ausgerichtet und stolz ist, auf ein vermehrtes Bewusstsein ihrer selbst, zum Vergessen und zur Negation Gottes […] und der Sinn für die Religion nimmt unter den Menschen unserer Zeit ab […].«

Daher lud er die Kirche ein, ein »Jahr des Glaubens« zu feiern, um an das Martyrium der beiden Apostel zu erinnern, die die Patrone Roms sind, und damit das christliche Volk wieder ein genaues Bewusstsein von seinem Glauben bekäme, »um ihn neu zu beleben, um ihn zu reinigen, um ihn zu festigen, um ihn zu bekennen«.

Auch Benedikt XVI. hat ein »Jahr des Glaubens« ausgerufen, »um allen, die an Christus glauben, zu helfen, ihre Zustimmung zum Evangelium bewusster und stärker werden zu lassen, vor allem in einem Moment tiefgreifender Veränderungen, wie ihn die Menschheit gerade erlebt« (Apostolisches Schreiben *Porta Fidei*, 8).

Ernst waren die Schwierigkeiten zur Zeit Pauls VI., und ernst bleiben sie auch in dieser unserer Zeit: Eine tiefe Krise des Glaubens trifft viele Menschen, insbesondere im Hinblick auf das Bekenntnis des wahren Glaubens und auf seine richtige Interpretation.

Um das Nachdenken im Laufe des »Jahres des Glaubens« zu unterstützen, werden in diesem Büchlein die dichtesten Gedanken Pauls VI. über den Glauben vorgelegt, über die gesamte Dauer seines Pontifikats hinweg.

Ein durchgängiges Motiv seiner lehramtlichen Äußerungen ist der Verweis auf die Schönheit und die zentrale Position des Glaubens sowie auf die Notwendigkeit, ihn zu stärken und zu vertiefen, und zwar auf der persönlichen wie auf der gemeinschaftlichen Ebene.

Mit abgedruckt sind auch das »Credo des Gottesvolkes«, eine gelungene Formel, die

Paul VI. am 30. Juni 1968 zum Abschluss des »Jahres des Glaubens« vorgetragen hat, sowie die Ansprache bei der Generalaudienz vom 30. Oktober desselben Jahres mit dem großartigen Gebet um die Stärkung des Glaubens.

Paul VI. erinnert uns daran,
dass
der Glaube die Wahrheit ist,
der Glaube die Stärke ist,
der Glaube das Leben ist,
der Glaube das Heil ist!

Leonardo Sapienza

Nach jedem der nachfolgenden Gedanken wird die Quelle angegeben, und zwar in folgender Weise: Bandnummer der *Insegnamenti di Paolo VI*, Seite, Datum.

Gedanken über den Glauben

Unser Glaube ist notwendig.

I, 576 (8. September 1963)

Unser Glaube ist unsere Gewissheit, er ist unsere Basis; er ist unser Licht, unser Trost, unsere Hoffnung; und morgen wird er unsere Glückseligkeit sein.

I, 576 (8. September 1963)

Wo der Glaube ist, da ist die Kirche; und wo die Kirche ist, da ist Christus.

I, 496 (9. Oktober 1963)

Der Glaube wird zur Treue!

I, 509 (20. November 1963)

Der Glaube entzündet die Liebe!

I, 509 (20. November 1963)

Der Glaube ist eine göttliche, wunderbare Tugend; und wenn wir das Glück haben, ihn zu besitzen, müssen wir ihn in die Tat umsetzen, müssen ihn einatmen, müssen ihn bekennen.

II, 900 (10. Juni 1964)

Der Glaube ist für das Heil notwendig; der Glaube wird allen Menschen durch den priesterlichen Dienst angeboten.

II, 410 (21. Juni 1964)

Seid Christen! Seid Christen! Bewahrt den Glauben unserer Vorfahren; bewahrt den Glauben für eure Kinder, für eure Zukunft, für eure Arbeit; und wisst, dass es durchaus keine Unvereinbarkeit gibt zwischen dem christlichen Glauben und dem modernen Leben.

II, 1150 (23. August 1964)

Ist es nicht euer Glaube, euer christliches Bewusstsein, eure religiöse Gewissheit, die euch den tiefsten, den sichersten, den frohesten Sinn des Lebens gibt? Dazu dient der Glaube: Er dient dem Leben!

III, 18 (5. Januar 1965)

Seid stark, geliebte Kinder, seid stolz, hütet eifersüchtig diesen Glauben. Seid fähig, die einfache und eindeutige Integrität eures Glaubens zu bewahren. Und gebt dem Glauben die Rolle, die ihm zukommt, nämlich die inspirierende Kraft für euer Leben zu sein. Der Gerechte lebt so, dass er aus dem Glauben sein höheres Licht und seine spirituelle Energie gewinnt.

III, 917 (28. April 1965)

Der Glaube ist das Leben, der Glaube ist das Heil.

III, 341 (10. Juni 1965)

Dies ist die Stunde des Glaubens. Sorgt dafür, dass euer Glaube noch heute echt und lebendig ist – und morgen der eurer Kinder.

III, 341 (10. Juni 1965)

Was den Glauben betrifft, so soll niemand daran gehindert werden! Und niemand soll dazu gezwungen werden!

III, 969 (28. Juni 1965)

Der Glaube ist etwas höchst Ernstes und Anspruchsvolles; er lässt uns spüren, dass das christliche Bekenntnis nichts Oberflächliches ist, nichts, was sich ohne Weiteres an beliebige Umstände anpassen ließe. Er prägt, er verlangt Treue, er bringt Risiko und Opfer mit sich, er erfordert einen starken Geist – wenn es sein muss, bis zum Heroismus, bis zur höchsten Liebe.

III, 1084 (3. November 1965)

Der Glaube, den Christus uns gebracht hat, ist das Licht des Lebens, er ist das Ferment des Lebens, er ist die Hoffnung des Lebens, er ist das Heil des Lebens. Und deshalb erweist sich der Glaube als die höchste Notwendigkeit, als der erste Wert, als die größte Freude. Die wahre Schönheit des Lebens, die wahre Würde des Menschen, die wahre Freiheit des Geistes, der wahre Friede des Gewissens, die wahre Harmonie des Zusammenlebens in der Familie und in Gemeinschaften beziehen aus dem Glauben ihre Kraft und ihren Glanz.

III, 591 (4. November 1965)

Tut nichts, was der Glaube verbietet, denn das Gesetz eures Glaubens soll ja auch das Gesetz eures christlichen Lebens sein.

III, 1095 (10. November 1965)

Dort, wo es mehr Glauben gibt – mehr Religion, mehr Gebet, mehr christliches Praktizieren –, ist die Nächstenliebe lebendiger, die Liebe sensibler und tatkräftiger, die Kunst, die Bedürfnisse des Nächsten zu erkennen und sie zu unterstützen, großzügiger und erfindungsreicher.

III, 649 (21. November 1965)

Wer ohne Glauben ist, der ist ohne Licht; wer ohne Religion ist, der ist ohne Hoffnung.

IV, 1021 (20. März 1966)

Der Glaubensakt ist schwierig für die moderne Mentalität, die so sehr an den systematischen Zweifel und an die Kritik gewöhnt und die davon überzeugt ist, dass die eigene Gewissheit sich auf die Grenzen der eigenen Erfahrung beschränkt.

IV, 756 (20. April 1966)

Auch der Glaube ist eine Gnade.

IV, 756 (20. April 1966)

Der Glaube ist kein rein spekulativer Akt; er ist ein vernünftiger Akt, aber nicht die Frucht der Vernunft allein.

IV, 756 (20. April 1966)

Der Glaube ist die Wahrheit, der Glaube ist die Stärke, der Glaube ist das Leben, der Glaube ist das Heil.

IV, 228 (15. Mai 1966)

Es bedarf einer Kohärenz mit Christus: Das ist der Glaube. Und dann einer zweiten Kohärenz, die mit uns selbst: Das ist die Praxis des Glaubens. Das Zeugnis erfordert eine Folgerichtigkeit zwischen Denken und Handeln, zwischen dem eigenen Glauben und den eigenen Werken.

IV, 931 (14. Dezember 1966)

Der Glaube verlangt ein Bekenntnis.

IV, 931 (14. Dezember 1966)

Der authentische Glaube, der geliebte, bekannte und gelebte Glaube, der Glaube, der uns zu Kindern Gottes macht, zu Menschen, die Christus nachfolgen, und zu Gliedern der Kirche, ist das erste und unverzichtbare Prinzip unserer apostolischen und katholischen Gemeinschaft.

V, 38 (14. Januar 1967)

Man versteht, warum der Glaube beim denkenden Menschen den Einwand hervorrufen muss, er sei in Dunkel gehüllt. Dem Glauben fehlt die Offenkundigkeit. Er stellt verborgene und verhüllte Wahrheiten vor, und der hl. Augustinus scheut sich nicht, zu sagen, dass der Glaube darin besteht, etwas zu glauben, was nicht offenbar ist.

V, 707 (15. März 1967)

Wir sind verpflichtet, zu suchen. Der Herr ist uns nahegekommen, aber ohne sich allgemein denen zu offenbaren, die ihn nicht suchen, die sich nicht nach ihm sehnen, die sich nicht bemühen, ihn kennenzulernen, und die ihn nicht lieben.

V, 708 (15. März 1967)

Wenn der Glaube in Dunkel gehüllt ist, dann ist er auch frei. Auch dies ist eines der großen Probleme, die den Glauben betreffen: Der

Wille wirkt beim Glaubensakt mit der Gnade zusammen. Und wenn er frei ist, dann ist der Glaube verdienstvoll.

V, 708 (15. März 1967)

Das ist leider der Glaube vieler in der heutigen Welt, ein gewohnheitsmäßiger Glaube, ein konventioneller Glaube, ein nicht verstandener und wenig praktizierter Glaube, ein Glaube, der mit dem Rest des Lebens nicht zusammenhängt und der daher lästig und beschwerlich ist. Er ist nicht vollständig tot, aber er ist auch keineswegs lebendig.

V, 743 (19. April 1967)

Der Glaube. Er ist das »Ja«, das es dem Denken Gottes erlaubt, in das Unsere einzutreten.

V, 743 (19. April 1967)

Der Glaube bedarf des Lehrers, das heißt einer Unterweisung und eines Studiums. Wenn es nicht gelingt, eine normale und hinreichende Beziehung zwischen dem Lehrer und dem Schüler herzustellen, dann entsteht der Glaube entweder gar nicht oder er kann sich im Herzen und im Leben des Schülers nicht halten. Die religiöse Unterweisung ist unverzichtbar. Dieses Prinzip wird so oft wiederholt; man muss es ernst nehmen.

V, 787 (31. Mai 1967)

Es gibt einen persönlichen Glauben, einen »gläubigen«, und einen objektiven Glauben, einen »geglaubten«.

V, 787 (31. Mai 1967)

Es ist gut, sich klarzumachen, dass es heute nicht leicht ist, die Tugend des Glaubens auszuüben.

V, 801 (14. Juni 1967)

Der Glaube ist ein Ruf der Liebe Gottes. Er ist unser Glück, er ist der Schlüssel unseres Schicksals. Daher muss man dem Glauben große Aufmerksamkeit schenken!

V, 806 (21. Juni 1967)

Den Glauben muss man bekennen.

V, 814 (28. Juni 1967)

Der Glaube ist schwierig. Aber fügen Wir sofort hinzu: Er ist schwierig für die Schwachen und Ängstlichen. Der Glaube erfordert die Kraft der Seele, die Größe des Geistes, ja er verleiht sie denen, die sich in seinem schlichten und edlen Bekenntnis üben.

V, 814 (28. Juni 1967)

Für den Menschen, der glaubt, ist das Leben nicht grau, auch wenn es manchmal monoton, schwer, hart und voller Verantwortung ist.

V, 448 (27. September 1967)

Der Glaube soll für alle sein, aber nicht alle nehmen ihn an.

VI, 104 (19. März 1968)

Der Glaube sichert dem Menschen jenes Vertrauen in das Denken, in die Wahrheit, welches der menschliche Geist, der sich selbst überlassen ist, nachdem er den Glauben eines Mangels an Logik angeklagt hat, in sich selbst nicht mehr findet. Der Glaube ist das Licht des Lebens, und wenn es auch nicht seine Aufgabe ist, die Probleme der wissenschaftlichen und philosophischen Spekulation zu lösen, behindert er indessen auch nicht deren rationale Lösung, sondern stärkt sie mit der

Gewissheit seiner höheren Lehren. Der Glaube ist der Trost des Lebens. Und wie wäre die Einstellung des Menschen angesichts der größten Probleme unseres Schicksals, wenn der Glaube uns nicht vor dem Wahnsinn und der Verzweiflung bewahrte?

VI, 104 (19. März 1968)

Der Gläubige soll aus dem Glauben die inspirierenden Prinzipien für sein Leben ableiten.

VI, 105 (19. März 1968)

Nach oben schauen: Dies vergessen wir, wenn es uns an Glauben mangelt und wenn wir all unsere Hoffnung auf die verführerischen, aber flüchtigen zeitlichen Wirklichkeiten setzen. Das ist die Wolke, die den Horizont der gegenwärtigen Welt verdunkelt.

VI, 1086 (23. Mai 1968)

Der Glaube ist so geworden, wie er sein soll: dynamisch, unaufhaltsam, ja sogar waghalsig.

VI, 230 (2. Juni 1968)

Der Glaube, ein Geschenk der Gnade, ein Akt des Denkens und eine Willensentscheidung auf der Suche nach der Wahrheit, bleibt immer eine Quelle vitaler Probleme.

VI, 808 (5. Juni 1968)

Der Glaube flößt Vertrauen gegenüber der Vernunft ein, er respektiert sie, ist auf sie angewiesen, verteidigt sie. Und gerade aufgrund der Tatsache, dass er sie für das Studium der göttlichen Wahrheiten in Anspruch nimmt, verpflichtet er sie zu einer absoluten Ehrlichkeit des Denkens und zu einer Anstrengung, die sie nicht schwächt, sondern stärkt, und zwar ebenso in der natürlichen spekulativen Ordnung wie in der übernatürlichen.

VI, 811 (5. Juni 1968)

Der Glaube verlangt das Handeln; er ist ein dynamisches Prinzip der Moralität. Der Glaube ist eine Aufforderung zu einer Handlung, die in der Liebe mündet, das heißt in einen tätigen Eifer, der von der Liebe zu Gott und zum Nächsten herrührt.

VI, 811 (5. Juni 1968)

Der Glaube gibt den Sinn für das Leben und für die Dinge, die Hoffnung auf kluges und ehrenhaftes Handeln, die Kraft, zu leiden und zu lieben. Ja, der Glaube dient zu etwas – und zu etwas Großem! Zu unserem Heil.

VI, 812 (5. Juni 1968)

Der Glaube bietet sich an, er zwingt sich nicht auf. Und das, was er heute anbietet, ist menschliche Sympathie und Liebe.

VI, 248 (12. Juni 1968)

Welch finsterer Wirbelsturm erfasst heute den Glauben an Gott! Und zwar in einem solchen Maße, dass wir alles in der Frage zusammenfassen können: Ist es heute noch möglich, an Gott zu glauben?

VI, 817 (12. Juni 1968)

Habt keine Angst. Bewahrt den Glauben. Ja, es ist auch heute noch möglich, an Gott und an Christus zu glauben.

Heute ist es besser möglich als früher, an Gott zu glauben, wenn es wahr ist, dass heute die menschliche Vernunft stärker entwickelt, besser zum Denken erzogen und eher geneigt ist, die innersten und letzten Gründe aller Dinge zu ergründen.

VI, 818 (12. Juni 1968)

Sorgt dafür, dass euer Glaube lebendig ist. Diese Empfehlung wirft eine Frage auf: Kann es einen toten Glauben geben? Ja, leider: Es kann einen toten Glauben geben.

VI, 825 (19. Juni 1968)

Mit dem Glauben und nicht aus dem Glauben zu leben genügt nicht. Ja, dieses Nebeneinander kann sich in eine ernste Verantwortlichkeit und in eine Anklage wandeln. Die Welt erhebt sie oft gegen den Menschen, der sich Christ nennt und nicht als Christ lebt. Das soll uns gut zu denken geben.

VI, 828 (19. Juni 1968)

Dass der wahre, reine, starke, aktive Glaube in den Herzen der Gläubigen gestärkt und dass er unter denen verbreitet wird, die an ihm zweifeln, die nicht glauben oder die den Glauben ablehnen, ist das herausragende Gut in der Ordnung unserer Rettung.

VI, 1092 (23. Juni 1968)

Der Gegenstand unseres Glaubens ist wie ein weites Feld, reich, ohne Maß, wie ein Panorama, das sich vor unseren Augen eröffnet.

VI, 1093 (30. Juni 1968)

Der Glaube ist, wenn er angenommen und praktiziert wird, keine Flucht vor den Pflichten der Nächstenliebe und den großen und drängenden Notwendigkeiten gesellschaftlicher Art. Er ist vielmehr deren Inspiration und treibende Kraft.

VI, 856 (10. Juli 1968)

Der Glaube ist die Basis, er ist die Wurzel, er ist der erste Daseinsgrund der Kirche, das wissen wir wohl.

VI, 417 (24. August 1968)

Der Friede! Zusammen mit dem Glauben haben Wir daraus eines der herausragenden
Motive Unseres Pontifikats gemacht.

VI, 424 (24. August 1968)

Der christliche Glaube ist kein Hindernis für
die Vernunft des Menschen.

VI, 907 (15. September 1968)

Der Glaube ist unsere erste Pflicht. Der Glaube ist für uns eine Lebensfrage. Der Glaube
ist das unersetzbare Prinzip des Christentums. Er ist die Quelle für die Nächstenliebe,
das Zentrum der Einheit. Er ist der fundamentale Daseinsgrund unserer Religion.

VI, 991 (30. Oktober 1968)

Der Glaube ist kein Fideismus, das heißt ein Glaube ohne vernünftige Grundlagen. Er ist auch nicht nur ein vages Suchen nach einer religiösen Erfahrung. Der Glaube ist der Besitz der Wahrheit, er ist die Gewissheit.

VI, 991 (30. Oktober 1968)

Werden wir unter den Glücklichen sein, die das Geschenk des Glaubens bekommen werden? Ja, antworten Wir. Aber er ist ein Geschenk, das man wertschätzen muss, das man hüten muss, über das man sich freuen muss, das man im Leben umsetzen muss.

VI, 993 (30. Oktober 1968)

Der Glaube ist Glückseligkeit! Keine betäubende Illusion, keine mythische Fiktion, kein erschlichener Trost, sondern echtes Glück. Das Glück der Wahrheit, das Glück der Fülle, das Glück des göttlichen Lebens, das einer wunderbaren menschlichen Teilhabe zugänglich gemacht ist. Kein Hindernis für das Denken, kein Hindernis für die wissenschaftliche Forschung, kein unnützer Ballast für die Schlankheit des spirituellen Stils der Moderne, sondern Licht, sondern Stimme, sondern Entdeckung, die die Seele weit und das Leben und die Welt verstehbar macht. Der Glaube ist das Glück des höchsten Wissens, noch einmal: das Glück des Erkennens, des Erkennens der Wahrheit.

II, 231 (5. April 1964);
VII, 130 (1. März 1969)

Heute muss man mit persönlichem Bewusstsein und mit moralischer Stärke die eigene Zugehörigkeit zu Gott, zu Christus, zur Kirche verteidigen.

VII, 109 (28. April 1969)

Der Glaube ist nicht pluralistisch. Der Glaube ist, auch was die Hülle der Formeln betrifft, die ihn zum Ausdruck bringen, sehr empfindlich und anspruchsvoll. Und die Kirche wacht darüber und verlangt, dass das Wort, das den Glauben ausspricht, dessen substanzielle Wahrheit nicht verrät.

VII, 958 (14. Mai 1969)

Wir müssen aus dem Glauben leben, das heißt so, dass wir dem Wort Gottes Vertrauen schenken, auch wenn es unseren Verstand übersteigt.

VII, 963 (28. Mai 1969)

Der Glaube ist im Dunkeln, aber er ist nicht blind; der Glaube sieht mit seinen eigenen Augen.

VII, 963 (28. Mai 1969)

Wenn er gelebt wird, wird der Glaube zum Licht; wenn er geliebt wird, wird er zur Kraft; wenn er meditiert wird, wird er Geist und enthüllt sich als das, was er ist: Ursprung des ewigen Lebens.

VII, 963 (28. Mai 1969)

Die Kirche hat stets daran festgehalten, dass »niemand mit Gewalt gezwungen werden darf, den Glauben anzunehmen«. Niemand, sagt sie, darf daran gehindert und niemand darf im Hinblick auf das eigene religiöse Gewissen dazu gezwungen werden.

VII, 1002 (9. Juni 1969)

Der katholische Glaube fürchtet diese gewaltige Auseinandersetzung seiner schlichten Lehre mit den wunderbaren Reichtümern des modernen wissenschaftlichen Denkens nicht nur nicht, sondern er wünscht sie sogar. Er wünscht sie, weil die Wahrheit, auch wenn sie sich in verschiedene Ordnungen auffächert und sich auf verschiedene Rechtstitel stützt, in sich stimmig, weil sie einzigartig ist; und weil der Vorteil, der sich aus einer solchen Auseinandersetzung für den Glauben und für die Forschung und das Studium eines jeden Wissensgebietes ergeben kann, ein gegenseitiger ist.

VII, 504 (23. Juni 1969)

Wir sind nicht die Erfinder unseres Glaubens; wir sind seine Bewahrer. Nicht jede Religiosität ist gut, sondern nur diejenige, die das Wesen Gottes zum Ausdruck bringt.

VII, 534 (31. Juni 1969)

Freut euch stets über euren katholischen Glauben. Er wird euch im Schmerz aufrechterhalten, er wird euch in der Dunkelheit des Leidens Licht schenken, er wird in den Zeiten von Gesundheit und Wohlstand euer Glück vergrößern.

VII, 564 (1. August 1969)

Der Glaube ist der Eingangsschlüssel. Er ist die Schwelle. Er ist der erste Schritt. Er ist die erste Handlung, die von dem Menschen verlangt wird, der zu jenem Reich Gottes gehören will, das von diesem Beginn an zur Fülle des ewigen Lebens führt.

VIII, 284 (8. April 1970)

Der Glaube scheint heute schwierig, sogar unmöglich geworden zu sein. Der alte Gegensatz zwischen Vernunft und Glauben scheint sich für manche wieder zu erheben und sich als nicht auflösbar zu erweisen.

VIII, 285 (8. April 1970)

Der Glaube ist, wie jeder weiß, die freie Antwort, die freie und vollkommene Antwort an Gott, der spricht, an Gott, der sich offenbart.

VIII, 284 (8. April 1970)

Der Glaube hat eine wesenhafte Beziehung zur Hoffnung.

VIII, 544 (27. Mai 1970)

Gott, Christus, die Kirche lassen sich nicht ungestraft ersetzen. Bemühen wir uns, diese Versuchung zu überwinden und in unserem katholischen Glauben die Gewissheit, die Fülle, das Heil wiederzufinden, das nur er geben kann.

VIII, 801 (19. August 1970)

Der Glaube bedarf der Vernunft. Er erstickt diese nicht, wie oft gesagt wird, er tritt nicht an ihre Stelle, sondern nimmt sie mit hinein in die Annahme des Wortes Gottes, er erhöht sie und verpflichtet sie auf die schwierigste und erhebendste Anstrengung: die Offenbarung zu hören, sie, soweit es möglich ist, zu verstehen, zu erforschen und in Worte zu fassen – als Licht, als logisches und dialektisches

Prinzip der tiefsten und lebendigsten Rationalität.

VIII, 834 (2. September 1970)

Unser Glaube ist für den Menschen gemacht, für den zeitgenössischen noch mehr als für den gestrigen. Der Glaube ist keine Entfremdung, er ist kein kurzlebiger Notbehelf, er ist keine überholte Idee, er ist kein unfruchtbares und hinderliches Wissen. Der Glaube ist ein Licht, ist eine Fülle, ist ein Leben, nach dem das Bedürfnis umso stärker und über das die Freude umso größer ist, je fortgeschrittener, je gebildeter, je reifer, je erwachsener, je hungriger der Mensch, der die befreiende und erlösende Erfahrung dieses Glaubens macht, nach Gewissheit ist.

VIII, 879 (16. September 1970)

Die Einheit des Glaubens ist notwendig und fundamental, das wisst ihr. Über diesen Anspruch können Wir nicht verhandeln.

VIII, 1309 (1. Dezember 1970)

Wenn der Glaube abnimmt, nimmt gleichzeitig auch der Sinn für die Sünde ab, mit all den fürchterlichen Konsequenzen, die sich daraus ergeben. Eigentlich können Wir sagen, dass die ganze moralische Burg des Christentums zerfällt.

IX, 189 (17. März 1971)

Den Glauben erfindet man nicht, noch manipuliert man ihn; man nimmt ihn an, man bewahrt ihn, man lebt ihn.

IX, 668 (4. August 1971)

Der Glaube ist wie ein Brunnen, der den Geist eines Volkes lebendig hält.

IX, 759 (8. September 1971)

Der Glaube verlangt eine Anwendung auf das Leben, auf unsere gelebte Erfahrung, die heute extrem wandelbar ist.

IX, 859 (6. Oktober 1971)

Wir müssen den Glauben verstärken und ihn vertiefen – den Glauben an Christus, den Glauben an sein Wort, den Glauben an sein Lebenskonzept, den Glauben an sein Reich, an seine Kirche –, wenn wir auf die Fragen, die sich daraus ableiten, dass wir Jünger Christi sind, eine logische Antwort geben wollen.

IX, 884 (7. November 1971)

Es gibt keinen Glauben, wenn er nicht frei ist.

IX, 888 (10. November 1971)

Der Glaube ist, noch bevor er eine Tugend in ihrer glücklichen Ausübung ist, eine Gnade, er ist ein Geschenk, er ist die geheimnisvolle Ausgießung des Heiligen Geistes, der ihn annehmbar und möglich macht.

X, 16 (5. Januar 1972)

Ehrt euren christlichen Glauben und bewahrt ihn als den schönsten und wertvollsten Schatz eures Lebens.

X, 430 (29. April 1972)

Die Kirche braucht den Glauben. Eine Mehrung des Glaubens, das ist, so scheint Uns, heute das erste und größte Bedürfnis der

Kirche. Und es ist ein Bedürfnis, dem ihr, ja dem jeder Einzelne von euch Abhilfe schaffen kann.

X, 979 (27. September 1972)

Der Glaube ist die Wurzel unserer Religion; er ist das ursprüngliche Band des Zusammenhalts, das uns zur Kirche macht; er ist der Ursprung unserer heilbringenden Vereinigung mit Christus; er ist die theologale Tugend, welche die Hoffnung und die Liebe hervorbringt.

X, 979 (27. September 1972)

Der Glaube ist notwendig.

X, 980 (27. September 1972)

Im Vertrauen darauf, dass ihr die »Zeichen der Zeit« erkennt, und darauf, dass ihr bereit seid, zu helfen, euch die Sendung Christi in der Geschichte zu eigen zu machen, die Kirche aufzubauen, bitten Wir um ein lebendigeres, bewussteres, einmütigeres Bekenntnis des Glaubens.

X, 981 (27. September 1972)

Ist der Glaube möglich, ja sogar ein Wachstum des Glaubens? Das ist eine sehr ernste Frage, auf die zu antworten wir alle eingeladen sind.

X, 1016 (4. Oktober 1972)

Die Glaubenskrisen sind sehr oft der Unkenntnis geschuldet. Wir lehnen ab, was wir nicht kennen.

X, 1017 (4. Oktober 1972)

Der Glaube ist ein Geschenk Gottes, er ist eine Tugend, die dem Menschen durch einen übernatürlichen Anstoß möglich ist, der uns nicht fehlen wird, wenn wir uns in die Lage versetzen, ihn zu empfangen.

X, 1018 (4. Oktober 1972)

Die Sehnsucht nach Gott, die Demut, das Gebet, das vertrauensvolle Warten und auch die geistliche Erfahrung wie die Teilnahme am Glaubensleben der kirchlichen Gemeinschaft, sei sie häuslich oder öffentlich, werden uns die Wege zum Glauben ebnen und werden ihn nicht nur möglich, sondern leicht und siegreich machen.

X, 1018 (4. Oktober 1972)

Der Glaube entsteht nicht von selbst: Er ist die Frucht einer Weitergabe, eines Apostolats.

X, 1068 (18. Oktober 1972)

Lasst Uns euch empfehlen, nicht nur stolz auf euren Glauben, sondern auch seiner würdig zu sein.

Und so wird es sein, wenn er eure Art zu denken und zu handeln bis in die Tiefe durchdringen wird.

XI, 332 (11. April 1973)

Der Glaube ist der Eingangsschlüssel; er ist die anfängliche, unabdingbare Bedingung, um zum christlichen Heil zu gelangen.

XII, 368 (24. April 1974)

Der Glaube ist eine Zustimmung zum Wort Gottes.

XII, 816 (11. September 1974)

Wir müssen von der Notwendigkeit eines lebendigen, authentischen, wirksamen Glaubens überzeugt sein – und das umso mehr, je größer heute die Schwierigkeiten sind.

XII, 817 (11. September 1974)

In subjektiver Hinsicht genügt ein vager, schwacher und unsicherer Glaube nicht, ein bloß sentimentaler, gewohnheitsmäßiger Glaube, der aus Hypothesen, Meinungen, Zweifeln und Vorbehalten besteht; und ebenso wenig genügt in objektiver Hinsicht ein Glaube, der das annimmt, was ihm gefällt, oder der den Schwierigkeiten auszuweichen sucht, indem er die Zustimmung zu geheimnisvollen und schwierigen Wahrheiten verweigert.

XII, 817 (11. September 1974)

Wir dürfen sicher sein, dass der Glaube die Vernunft nicht behindert, sondern ihr die Gewissheit und das – wenigstens partielle, aber lichtvolle und glückliche – Verstehen höherer und lebenswichtiger Wahrheiten zuspricht.

XII, 817 (11. September 1974)

Der Inhalt des Glaubens ist entweder katholisch, oder er ist gar kein solcher.

XII, 1016 (26. Oktober 1974)

Wenn der Glaube kein bloß äußerlicher Lack oder ein von den Konventionen auferlegter Schein ist, sondern eine Pflicht, ein Lebensstil, der sich in sämtlichen konkreten Umständen zeigt, wird er euch helfen, stets ehrliche, unbescholtene, vorbildliche Bürger zu sein. Seid eifrige, authentische und überzeugte Christen.

XII, 1049 (6. November 1974)

Der Glaube verlangt ein Bekenntnis, er verlangt eine Logik des Denkens und des Lebens, er verlangt eine gelebte Übereinstimmung.

XIII, 687 (25. Juni 1975)

Der Glaube hilft uns zu handeln. Er weist uns
den Weg des Lebens, und er flößt uns die
Kraft ein, auf diesem Weg voranzuschreiten.
Er ist die Logik unserer christlichen Prägung.

XIII, 688 (25. Juni 1975)

Der Glaube kann uns, die wir das Glück haben, Gläubige zu sein, die Zuversicht wieder-
geben und unsere Kräfte vervielfachen, um
unserer Generation ein neues, fröhliches und
starkes Aussehen zu verleihen. Dazu braucht
es Mut.

XIII, 870 (24. August 1975)

Wir müssen unseren Glauben erneuern! Der Glaube ist das Leben! Darüber müssen wir die selige Gewissheit haben.

XIII, 1074 (1. Oktober 1975)

Der Glaube ist notwendig. Der Glaube ist das Heil. Der Glaube ist die Wahrheit. Der Glaube ist das Glück. Und Wir wiederholen: Der Glaube ist das Leben. Der Glaube ist unsere Antwort auf das Wort Gottes.

XIII, 1075 (1. Oktober 1975)

Studiert den Glauben, festigt den Glauben. Ihr werdet mancher Anstrengung des Denkens, des Willens, der Aufmerksamkeit, vielleicht des Wartens und der Mühsal nach innen und des Mutes nach außen begegnen. Aber ihr werdet glückselig sein!

XIII, 1075 (1. Oktober 1975)

Seid euch bewusst, dass man nicht nur dem Namen nach Christ sein kann und dass es nicht ausreichend wäre, zu sagen, man besäße den Glauben im eigenen, individuellen Bewusstsein. Der Glaube ist nämlich auch Gemeinschaft, das heißt Kommunikation und Ausstrahlung, und er verlangt daher ein ernsthaftes Bemühen, ihn weiterzugeben und ihn zu verbreiten.

XIII, 1201 (30. Oktober 1975)

Der Glaube erfüllt den unendlichen Raum mit Licht und Freude, den die Vernunft – und auch das Herz – als Heimat Gottes entdeckt hat.

XIII, 1233 (5. November 1975)

Die Wissenschaft schließt den Glauben nicht aus, sondern bedarf vielmehr seiner als Ergänzung.

XIII, 1294 (16. November 1975)

Die Religion ist noch lebendig und wirksam. Der Glaube steht nicht im Gegensatz zur Vernunft, zum Denken, zur Kultur, zur Wissenschaft, zum Fortschritt.

XIII, 1361 (3. Dezember 1975)

Der Glaube ist ein Glück, das Glück des Erreichens der göttlichen Wirklichkeit; er ist ein Glück, das Glück der Wahrheit; er ist ein Licht, das Licht des Wortes Gottes; er ist eine Kraft, eine Stärkung, er ist Leben: Der Glaube an das Wort Gottes ist der Beginn des wahren Lebens. Vergessen wir das nicht.

XIII, 1362 (3. Dezember 1975)

Der Glaube ist ein Licht, er ist eine Kraft. Er ist die Logik, das Charisma unserer Taufe.

XIV, 292 (28. April 1976)

Der Glaube, den Christus gebracht hat, ist keine bloße Verzierung des christlichen Namens, er ist kein überflüssiges Erbstück der Vorfahren, und er ist auch kein passives Befolgen religiöser Gewohnheiten. Er ist vielmehr Ursprung des Lebens, wie der heilige Paulus lehrt, und Verhaltensnorm, er ist ein Ferment, das unser ganzes gegenwärtiges Leben in jedem seiner Aspekte durchdringen, reinigen und heiligen soll: also unsere Kultur, unsere Aktivitäten, unsere Art zu lieben und zu empfinden.

XIV, 374 (23. Mai 1976)

Der rechte und rege Glaube ist der wichtigste Faktor für den Aufbau einer Ordnung, die auf Gerechtigkeit, auf brüderliche Eintracht, auf den wahren Frieden gegründet ist. Deshalb werden Wir nie müde werden, zu hoffen, zu beten und zu ermahnen.

XIV, 374 (23. Mai 1976)

Das ontologische Geschehen des Glaubens, das heißt das göttliche Geschenk, und das moralische und psychologische, das heißt menschliche Geschehen, durch das der Glaube von der Seele Besitz ergreift und ihr Handeln inspiriert sowie ihr Leben formt, bleibt das große Kapitel unserer religiösen Lehre, ein unermessliches, wunderbares, dramatisches Kapitel, auf das sich das Gebäude gründet, das wir errichten wollen, die Kirche – oder besser: das Gebäude, in dem wir das Licht, den Frieden und die Kraft finden werden, Christen zu sein.

XIV, 581 (14. Juli 1976)

Der christliche Glaube hat dem Menschen von heute etwas zu sagen, der sich die »Sinnfrage« stellt im Hinblick auf die eigene Existenz und die Ziele, zu denen hin wir unterwegs sind.

XIV, 705 (12. September 1976)

Der Glaube an Gott, der durch das Hören seines Wortes und durch die Teilnahme an den
Sakramenten genährt wird, stellt den wirk-
samsten Antrieb für einen großherzigen Willen zum Neubeginn dar.

XIV, 832 (13. Oktober 1976)

Es gibt im menschlichen Leben einen Wert,
der höher steht als das Leben selbst. Es gibt
eine Verpflichtung, die alle anderen übersteigt. Es gibt eine Gewissheit, die, wenn sie
mit jeder beliebigen anderen konfrontiert
wird, sich niemals als falsch erweist. Es gibt
etwas Notwendiges, für das alles andere
hintangestellt und, wenn es nötig ist, geopfert werden muss.

Dieser Wert, diese Verpflichtung, diese
Gewissheit, dieses Notwendige ist der Glaube, ist die Wahrheit des Glaubens.

XIV, 845 (17. Oktober 1976)

Der Glaube ist eine Welt.

XIV, 846 (17. Oktober 1976)

Der lebendige Glaube ist ein strahlender Glaube.

XIV, 893 (31. Oktober 1976)

Der Glaube ist Gewissheit.

XV, 21 (6. Januar 1977)

Die antichristliche Reaktion steht in Zusammenhang mit der Bezeugung unseres christlichen Glaubens in der Welt.

XV, 152 (13. Februar 1977)

Der Glaube ist ein Reich des Geheimnisses. Er ist für uns während dieses Lebens, das noch eine Lehrzeit ist, eine Initiation, ein dunkles Wissen. Er stützt sich nicht auf Argumente rationaler Evidenz. Für ihn sprechen zwar sehr gute Gründe der sowohl inneren wie äußeren Glaubwürdigkeit, aber an sich gründet er sich auf die Autorität der Offenbarung, auf das Wort Gottes.

XV, 501 (18. Mai 1977)

Der Glaube ist ein Himmel, der unser natürliches Verstehen übersteigt. Der Glaube nimmt zwar die Zustimmung der Vernunft in Anspruch, aber nicht ohne den Willen. Um zu glauben, muss man es wollen. Dies bedeutet, dass der Glaube frei ist.

XV, 502 (18. Mai 1977)

Es ist die Kirche in ihrer authentischen evangelisierenden Sendung, die uns den Glauben gibt.

XV, 519 (25. Mai 1977)

Aus dem Glauben muss man das maßgebliche und wirksame Prinzip des gerechten und guten Lebens gewinnen.

XV, 721 (20. Juli 1977)

Die Wahrheit des Glaubens darf studiert, erklärt, erläutert werden, aber stets unter Wahrung des identischen substanziellen Sinnes.

XV, 806 (7. September 1977)

Der wahre Sinn der Welt und des Lebens wird uns durch den Glauben enthüllt, das heißt durch die Religion, und zwar durch die authentische.

XV, 966 (19. Oktober 1977)

Der Glaube ist »wertvoller als Gold«, sagt der heilige Petrus. Es genügt nicht, ihn zu empfangen, man muss ihn auch inmitten von Schwierigkeiten bewahren.

XVI, 520 (29. Juni 1978)

Der Glaube ist nicht das Ergebnis der menschlichen Spekulation, sondern das von den Aposteln empfangene *Depositum Fidei* (Glaubensgut, Anm. d. Ü.); diese haben ihn von Christus bekommen, den sie »gesehen, geschaut und gehört« haben. Dies ist der Glaube der Kirche, der apostolische Glaube.

XVI, 520 (29. Juni 1978)

Im Glauben werden wir die Fülle des christlichen Lebens finden. Wir werden in ihm die Kraft, die Freude, den Trost des göttlichen Lebens finden, das uns kundgetan wurde.

XVI, 587 (2. August 1978)

Das »Credo des Gottesvolkes«

Text des Glaubensbekenntnisses, das Paul VI. am 30. Juni 1968 zum Abschluss des »Jahres des Glaubens« anlässlich der Jahrhundertfeier des Martyriums der Apostel Petrus und Paulus in Rom vorgetragen hat.

Wir glauben an den einen Gott, den Vater, Sohn und Heiligen Geist, den Schöpfer alles Sichtbaren – wie dieser Welt, in der unser flüchtiges Leben vorübergeht – und Unsichtbaren – wie der reinen Geister, die auch Engel genannt werden[1] – und den Schöpfer der geistigen und unsterblichen Seele in jedem Menschen.

Wir glauben, dass dieser einzige Gott absolut einer ist in seinem unendlich heiligen Wesen,

---

[1] Vgl. DH (Denzinger/Hünermann) 3002.

ebenso wie in all seiner Vollkommenheit, in seiner Allmacht, in seinem unbegrenzten Wissen, in seiner Vorsehung, in seinem Willen und in seiner Liebe. Er ist derjenige, der ist [»Ich-bin-da«], wie Er selbst es Mose offenbart hat,[2] und Er ist die Liebe, wie uns der Apostel Johannes lehrt.[3] Somit drücken diese beiden Namen, das Sein [»Ich-bin-da«] und die Liebe, in einer unaussprechlichen Weise selbst die göttliche Wirklichkeit dessen aus, der sich uns zu erkennen geben wollte, und der, weil er »in unzugänglichem Licht wohnt«[4], in sich selbst über jedem Namen, über allen Dingen und jeder geschaffenen Vernunft ist. Gott allein kann uns die rechte und volle Erkenntnis seiner selbst geben, indem er sich als Vater, Sohn und Heiliger Geist offenbart, an dessen ewigem Leben wir durch seine Gnade teilzuhaben berufen sind, hier unten in der Dunkelheit des Glaubens und

---

2 Vgl. Ex 3,14.
3 Vgl. 1 Joh 4,8.
4 Vgl. 1 Tim 6,16.

jenseits des Todes im beständigen Licht, im ewigen Leben.

Die gegenseitigen Bande, welche die drei Personen, von denen jede das eine und identische göttliche Wesen ist, auf ewige Weise konstituieren, sind das glückselige innerste Leben des dreimal heiligen Gottes, unendlich jenseits all dessen, was wir gemäß dem menschlichen Maß erfassen können.[5]

Daher danken Wir der göttlichen Güte dafür, dass sehr zahlreiche Gläubige mit uns die Einheit Gottes vor den Menschen bezeugen können, auch wenn sie das Geheimnis der Allerheiligsten Dreifaltigkeit nicht kennen.

Wir glauben also an den Vater, der ewig den Sohn zeugt, an den Sohn, das Wort Gottes, der ewig gezeugt wird, und an den Heiligen Geist, die nicht geschaffene Person, die aus dem Vater und dem Sohn als ihre ewige Liebe hervorgeht. Auf diese Weise sind in den

---

[5] Vgl. DH 804.

drei göttlichen Personen, die »einander gleich ewig und gleichen Wesens sind«[6], das Leben und die Glückseligkeit des vollkommen einen Gottes im Überfluss da und vollziehen sich, und zwar in der Erhabenheit und der Herrlichkeit, die dem nicht geschaffenen Sein eigen sind. Und stets »muss die Einheit in der Dreifaltigkeit und die Dreifaltigkeit in der Einheit verehrt werden«[7].

Wir glauben an unseren Herrn Jesus Christus, den Sohn Gottes. Er ist das ewige Wort, geboren aus dem Vater vor aller Zeit und gleichen Wesens mit dem Vater, *homoousios to Patri*[8]. Und durch Ihn wurde alles geschaffen. Er hat Fleisch angenommen durch das Werk des Heiligen Geistes im Schoß der Jungfrau Maria und ist Mensch geworden: dem Vater also gleich, gemäß der göttlichen Natur, und niedriger als der Vater, gemäß der menschlichen Natur, und dabei Er selbst einer, nicht

---

[6] Vgl. DH 75.
[7] Vgl. ebd.
[8] Vgl. DH 150.

aufgrund einer unmöglichen Vermischung der Naturen, sondern durch die Einheit der Person.[9]

Er hat unter uns gewohnt, voll Gnade und Wahrheit. Er hat das Reich Gottes verkündigt und gegründet, und durch sich hat Er uns den Vater erkennen lassen. Er hat uns sein neues Gebot gegeben, einander zu lieben, wie Er uns geliebt hat. Er hat uns den Weg der Seligpreisungen des Evangeliums gelehrt: Armut im Geiste, Sanftmut, in Geduld ertragenes Leiden, Durst nach der Gerechtigkeit, Barmherzigkeit, Reinheit des Herzens, Willen zum Frieden, um der Gerechtigkeit willen erlittene Verfolgung. Er hat gelitten unter Pontius Pilatus als das Lamm Gottes, das die Sünden der Welt trägt, und ist für uns am Kreuz gestorben und hat uns so durch sein erlösendes Blut gerettet. Er ist begraben worden und ist aus seiner eigenen Macht am dritten Tage auferstanden und hat uns durch seine Auferstehung zur Teilnahme am göttlichen Leben

---

[9] Vgl. DH 76.

erhoben, welches das Leben der Gnade ist. Er ist zum Himmel aufgefahren und wird in Herrlichkeit wiederkommen, um die Lebenden und die Toten zu richten, jeden nach seinen Verdiensten, sodass diejenigen das ewige Leben erreichen werden, die auf die Liebe und das Erbarmen Gottes geantwortet haben, und diejenigen in das unauslöschliche Feuer gelangen werden, die diesen bis zuletzt ihre Weigerung entgegengesetzt haben.

Und seiner Herrschaft wird kein Ende sein.

Wir glauben an den Heiligen Geist, der Herr ist und lebendig macht, der mit dem Vater und dem Sohn angebetet und verherrlicht wird, der zu uns gesprochen hat durch die Propheten. Er ist uns von Christus gesandt worden nach seiner Auferstehung und seiner Himmelfahrt zum Vater. Er erleuchtet, belebt, schützt und leitet die Kirche und reinigt ihre Glieder, wenn sie sich seiner Gnade nicht entziehen. Sein Wirken, das bis ins Innerste der Seele vordringt, macht den Menschen fähig, der Einladung Jesu zu entsprechen: »Ihr sollt also vollkommen sein, wie es auch euer himmlischer Vater ist.«[10]

Wir glauben, dass Maria die stets Jungfrau gebliebene Mutter des menschgewordenen Wortes ist, unseres Herrn und Erlösers Jesus Christus,[11] und dass sie aufgrund dieser einzigartigen Erwählung im Hinblick auf die Verdienste ihres Sohnes auf erhabene Weise erlöst,[12] vor jedem Makel der Erbsünde bewahrt[13] und mehr als alle anderen Geschöpfe mit dem hervorragenden Gnadengeschenk erfüllt worden ist.[14]

Mit den Geheimnissen der Menschwerdung und der Erlösung durch ein enges und unauflösliches Band verbunden,[15] ist die heiligste Jungfrau, die unbefleckte, am Ende

---

[10] Mt 5,48.

[11] Vgl. DH, 251–252.

[12] Vgl. II. Vatikanisches Konzil, Dogmatische Konstitution *Lumen gentium* 53.

[13] Vgl. DH, 2803.

[14] Vgl. II. Vatikanisches Konzil, Dogmatische Konstitution *Lumen gentium* 53.

[15] Vgl. ebd. 53, 58, 61.

ihres irdischen Lebenslaufes mit Leib und Seele in die himmlische Herrlichkeit aufgenommen[16] und ihrem auferstandenen Sohn gleichgestaltet worden, indem sie das Schicksal aller Gerechten vorwegnahm. Und wir glauben, dass die heiligste Mutter Gottes, die neue Eva, die Mutter der Kirche,[17] im Himmel ihre mütterliche Aufgabe gegenüber den Gliedern Christi fortführt, indem sie beim Geborenwerden der Gläubigen in der Kirche und der Entfaltung des göttlichen Lebens in den Seelen der Erlösten mitwirkt.[18]

Wir glauben, dass in Adam alle gesündigt haben: Das bedeutet, dass die von ihm

---

[16] Vgl. DH 3903.

[17] Vgl. II. Vatikanisches Konzil, Dogmatische Konstitution *Lumen gentium* 53, 58, 61; vgl. Paul VI., *Ansprache zum Abschluss der dritten Sitzungsperiode des II. Vatikanischen Konzils*, in: Acta Apostolicae Sedis 56 (1964), 1016; Apostolisches Schreiben *Signum magnum*, Einleitung.

[18] Vgl. II. Vatikanisches Konzil, Dogmatische Konstitution *Lumen gentium* 53; Paul VI., Apostolisches Schreiben *Signum magnum*, S. 1, Nr. 1.

begangene Erbsünde die allen Menschen ge-
meinsame menschliche Natur in einen Zustand hat fallen lassen, in dem sie die Folgen
jener Schuld trägt, und der nicht mehr derjenige Zustand ist, in dem sie sich am Anfang
bei unseren Stammeltern befand, die in Heiligkeit und Gerechtigkeit geschaffen waren,
und in dem der Mensch weder das Böse noch
den Tod kannte. Es ist die derart verfallene
menschliche Natur, der Gnade beraubt, mit
der sie bekleidet war, in ihren eigenen natürlichen Kräften verwundet und der Herrschaft
des Todes unterworfen, die allen Menschen
weitergegeben wird – und in diesem Sinne
wird jeder Mensch in der Sünde geboren.
Wir bekennen also mit dem Konzil von Trient, dass die Erbsünde mit der menschlichen
Natur weitergegeben wird, »nicht durch
Nachahmung, sondern durch Fortpflan-
zung«, und dass sie deshalb »einem jeden eigen« ist.[19]

---

[19] Vgl. DH 1513.

Wir glauben, dass unser Herr Jesus Christus uns durch das Kreuzesopfer befreit hat von der Erbsünde und von allen persönlichen Sünden, die ein jeder von uns begangen hat, und zwar – nach dem Wort des Apostels – dergestalt: »Wo jedoch die Sünde mächtig wurde, da ist die Gnade übergroß geworden«[20].

Wir glauben an die eine Taufe, die von unserem Herrn Jesus Christus zur Vergebung der Sünden eingesetzt worden ist. Die Taufe muss auch den Kindern gespendet werden, die sich noch keiner persönlichen Sünde haben schuldig machen können, damit sie, ohne die übernatürliche Gnade geboren, wiedergeboren werden »aus dem Wasser und dem Heiligen Geist« zum göttlichen Leben in Jesus Christus.[21]

Wir glauben an die eine, heilige, katholische und apostolische Kirche, die von Jesus Christus auf diesem Felsen erbaut wurde, der Petrus ist. Sie ist der mystische Leib Christi,

[20] Vgl. Röm 5,20.
[21] Vgl. DH 1514.

zugleich die sichtbare Gesellschaft, die aus hierarchischen Organen besteht, und eine geistliche Gemeinschaft. Sie ist die irdische Kirche,
das pilgernde Volk Gottes hier unten, und die
mit himmlischen Gütern beschenkte Kirche.
Sie ist der Keim und die Erstlingsfrucht des
Reiches Gottes, durch den im Laufe der
menschlichen Geschichte das Werk und die
Schmerzen der Erlösung weitergehen und die
nach ihrer vollkommenen Vollendung jenseits der Zeit, in der Herrlichkeit, strebt.[22] Im
Verlauf der Zeit formt der Herr Jesus seine
Kirche durch die Sakramente, die aus seiner
Fülle hervorgehen.[23] Durch sie lässt die Kirche ihre Glieder am Geheimnis des Todes
und der Auferstehung Christi teilhaben, und
zwar in der Gnade des Heiligen Geistes, der
ihr Leben und Wirkung schenkt.[24] Sie ist also

---

[22] Vgl. II. Vatikanisches Konzil, Dogmatische Konstitution *Lumen gentium* 8, 50.

[23] Vgl. ebd. 7, 11.

[24] Vgl. II. Vatikanisches Konzil, Dogmatische Konstitution *Sacrosanctum concilium* 5, 6; II. Vatikanisches
Konzil, Dogmatische Konstitution *Lumen gentium* 7,
12, 50.

heilig, auch wenn sie in ihrem Schoß Sünder beherbergt, da sie kein anderes Leben besitzt als dasjenige der Gnade: Indem sie an ihrem Leben teilhaben, heiligen sich ihre Glieder, ebenso wie sie, wenn sie sich dem Leben der Kirche entziehen, in Sünden und Unordnung fallen, welche das Ausstrahlen ihrer Heiligkeit verhindern. Daher leidet die Kirche und tut Buße wegen solcher Sünden, von denen ihre Kinder durch das Blut Christi und die Gabe des Heiligen Geistes zu heilen sie im Übrigen die Macht hat.

Sie ist Erbin der göttlichen Verheißungen und Tochter Abrahams dem Geiste nach durch Israel, dessen Schriften sie mit Liebe bewahrt und dessen Patriarchen und Propheten sie verehrt; gegründet auf die Apostel und von Jahrhundert zu Jahrhundert Vermittlerin ihres immer lebendigen Wortes und ihrer Hirtenvollmachten im Nachfolger Petri und in den Bischöfen, die in Gemeinschaft mit ihm stehen, und mit dem stetigen Beistand des Heiligen Geistes. Die Kirche hat die Sendung, die Wahrheit zu hüten, zu lehren, zu erklären und zu verbreiten, die Gott in einer noch verhüllten Weise durch die Propheten und in ihrer Vollgestalt durch unseren Herrn Jesus bekannt gemacht hat.

Wir glauben all das, was im Wort Gottes enthalten ist, im geschriebenen und im überlieferten, und was die Kirche als von Gott Offenbartes zu glauben vorstellt, sei es durch eine feierliche Entscheidung, sei es durch das gewöhnliche und universale Lehramt.[25] Wir glauben an die Unfehlbarkeit, die der Nachfolger Petri genießt, wenn er als Hirt und Lehrer aller Gläubigen *ex cathedra* lehrt,[26] und mit der auch das Kollegium der Bischöfe begabt ist, wenn es zusammen mit ihm das oberste Lehramt ausübt.[27]

Wir glauben, dass die Kirche, die Jesus gegründet und für die er gebetet hat, vollkom-

---

[25] Vgl. DH 3011.
[26] Vgl. DH 3074.
[27] Vgl. II. Vatikanisches Konzil, Dogmatische Konstitution *Lumen gentium* 25.

men die eine ist im Glauben, im Kult und im Band der hierarchischen Gemeinschaft. Im Schoße dieser Kirche zeigt sowohl die reiche Vielfalt der liturgischen Riten als auch die legitime Verschiedenheit der theologischen und geistlichen Überlieferungen und der jeweiligen Lebensordnungen, weit davon entfernt, dieser Einheit zu schaden, diese vielmehr deutlicher auf.[28]

Ferner: In Anerkennung dessen, dass außerhalb des Gefüges der Kirche Christi vielfältige Elemente der Wahrheit und der Heiligung zu finden sind, die als ihr eigene Gaben auf die katholische Einheit hindrängen,[29] und im Glauben an das Wirken des Heiligen Geistes, der im Herzen der Jünger Christi die Liebe zu dieser Einheit wachruft,[30] nähren Wir die Hoffnung, dass die Christen, die sich noch nicht in voller Einheit mit der einen

---

[28] Vgl. II. Vatikanisches Konzil, Dogmatische Konstitution, *Lumen gentium* 23; II. Vatikanisches Konzil, Dekret *Orientalium Ecclesiarum* 2, 3, 5, 6.

[29] Vgl. II. Vatikanisches Konzil, Dogmatische Konstitution *Lumen gentium* 8.

[30] Vgl. ebd. 15.

Kirche befinden, sich eines Tages in einer einzigen Herde mit einem einzigen Hirten vereinigen werden.

Wir glauben, dass die Kirche zum Heil notwendig ist, weil Christus, der der einzige Mittler und der einzige Weg zum Heil ist, sich für uns gegenwärtig macht in seinem Leib, der die Kirche ist.[31] Aber der göttliche Heilsplan umfasst alle Menschen. Und diejenigen, die ohne eigene Schuld das Evangelium Christi und seine Kirche nicht kennen, aber aufrichtig Gott suchen und unter dem Einfluss seiner Gnade seinen Willen zu erfüllen suchen, den sie in den Weisungen ihres Gewissens erkennen, können ebenfalls in einer Anzahl, die nur Gott kennt, das Heil erlangen.[32]

Wir glauben, dass die Messe, die vom Priester gefeiert wird, der kraft der im Sakrament der

---

[31] Vgl. II. Vatikanisches Konzil, Dogmatische Konstitution *Lumen gentium* 14.
[32] Vgl. ebd. 16.

Weihe empfangenen Vollmacht die Person Christi repräsentiert, und die von ihm darge-bracht wird im Namen Christi und der Glie-der seines mystischen Leibes, das Opfer von Golgota ist, das auf unseren Altären sakra-mental gegenwärtig gemacht wird.

Wir glauben, dass ebenso, wie das geweihte Brot und der geweihte Wein beim Letzten Abendmahl vom Herrn in seinen Leib und sein Blut verwandelt wurden, die bald darauf für uns am Kreuz geopfert wurden, auch Brot und Wein, die vom Priester geweiht werden, in den Leib und das Blut Christi verwandelt werden, der in Herrlichkeit im Himmel herrscht; und *wir glauben,* dass die geheimnis-volle Gegenwart des Herrn unter der Hülle dessen, was weiterhin wie vorher unseren Sinnen erscheint, eine wahre, reale und subs-tanzielle ist.[33]

Deshalb kann Christus in diesem Sakra-ment nur dadurch gegenwärtig sein, dass die

---

[33] Vgl. DH 1651.

Wirklichkeit selbst des Brotes in seinen Leib und die Wirklichkeit selbst des Weines in sein Blut verwandelt wird, während lediglich die von unseren Sinnen wahrgenommenen Eigenschaften des Brotes und des Weines unverändert bleiben. Diese geheimnisvolle Verwandlung wird von der Kirche sehr angemessen als *Transsubstantiation* bezeichnet. Jede theologische Erläuterung, die in irgendeiner Weise dieses Geheimnis zu durchdringen versucht, muss, um im Einklang mit dem katholischen Glauben zu stehen, unzweideutig daran festhalten, dass in der objektiven Wirklichkeit, unabhängig von unserem Geist, Brot und Wein nach der Wandlung zu existieren aufgehört haben, da sie ja von diesem Augenblick an der anbetungswürdige Leib und das Blut unseres Herrn Jesus sind,[34] der wirklich bei uns ist unter den sakramentalen Gestalten des Brotes und des Weines, um sich uns zur Speise zu geben und um uns mit der

---

[34] Vgl. ebd. 1642 und 1651–1654; Paul VI., Enzyklika *Mysterium Fidei*.

Einheit seines mystischen Leibes zu verbin-
den.[35]

Die einzige und unteilbare Existenz des
verherrlichten Herrn im Himmel wird nicht
vervielfacht, sondern durch das Sakrament
gegenwärtig gemacht an den vielen Orten auf
der Erde, wo die Messe gefeiert wird. Nach
dem Opfer bleibt diese Existenz im heiligen
Sakrament gegenwärtig, das im Tabernakel
das lebendige Herz einer jeden unserer Kirchen ist. Und es ist für uns eine höchst erfreu-
liche Pflicht, in der heiligen Hostie, welche
unsere Augen sehen, das menschgewordene
Wort zu ehren und anzubeten, das diese nicht
sehen können und das, ohne den Himmel zu
verlassen, sich bei uns vergegenwärtigt.

Wir bekennen, dass das Reich Gottes, das hier
unten in der Kirche Christi begonnen hat,
nicht von dieser Welt ist, deren Gestalt ver-
geht, und dass sein wahres Wachstum nicht
verwechselt werden darf mit dem Fortschritt

---

[35] Vgl. Thomas von Aquin, *Summa theologiae* III, q. 73,
a. 3.

der menschlichen Zivilisation, der Wissenschaft und Technik, sondern darin besteht, dass die unerforschlichen Reichtümer Christi immer tiefer erkannt, die ewigen Güter mit immer größerer Kraft erhofft, die Liebe Gottes auf eine immer glühendere Weise beantwortet wird und dass die Gnade und die Heiligkeit sich unter den Menschen in immer größerem Überfluss ausbreiten. Aber es ist diese Liebe selbst, welche die Kirche dazu bringt, unablässig für das wahre zeitliche Wohl der Menschen Sorge zu tragen. Während sie nicht aufhört, ihre Kinder daran zu erinnern, dass sie hier keine bleibende Wohnstatt haben, treibt sie sie auch an, zum Wohl ihres irdischen Gemeinwesens beizutragen – jeder nach seiner Berufung und seinen Möglichkeiten –, die Gerechtigkeit, den Frieden und die Brüderlichkeit unter den Menschen zu fördern und ihren Schwestern und Brüdern großzügige Hilfe zuteilwerden zu lassen, besonders den Ärmsten und Bedürftigsten. Die intensive Sorge der Kirche, der Braut Christi, für die Nöte der Menschen, für ihre

Freuden und ihre Hoffnungen, für ihre Mühen und ihre Beschwernisse ist also nichts anderes als ihre große Sehnsucht, bei ihnen gegenwärtig zu sein, um sie mit dem Licht Christi zu erleuchten und sie alle mit Ihm, ihrem einzigen Retter, zu vereinen. Diese Sorge darf niemals bedeuten, dass die Kirche sich selbst den Dingen dieser Welt angleicht oder dass sie den Eifer auf die Erwartung ihres Herrn und des ewigen Reiches vermindert.

Wir glauben an das ewige Leben.

Wir glauben, dass die Seelen all derer, die in der Gnade Christi sterben, sei es, dass sie noch im Fegefeuer gereinigt werden müssen, sei es, dass sie von dem Moment an, in dem sie ihren Körper verlassen, von Jesus im Paradies empfangen werden, wie Er es im Falle des guten Schächers getan hat, das Volk Gottes im Jenseits des Todes ausmachen. Dieser wird am Tag der Auferstehung endgültig besiegt werden, wenn diese Seelen wieder mit ihren Körpern vereinigt werden.

Wir glauben, dass die Schar der Seelen, die um Jesus und Maria im Paradies versammelt sind, die himmlische Kirche bilden, wo sie in ewiger Seligkeit Gott sehen, wie er ist,[36] und wo sie auch, in jeweils verschiedenem Grade und in verschiedener Weise, zusammen mit den heiligen Engeln an der göttlichen Regierung beteiligt sind, die der verherrlichte Christus ausübt, indem sie für uns eintreten und unserer Schwachheit durch ihre brüderliche Sorge zu Hilfe kommen.[37]

Wir glauben an die Gemeinschaft unter allen, die an Christus glauben, derjenigen, die Pilger auf dieser Erde sind, der Verstorbenen, die ihre Reinigung vollziehen, und der Seligen im Himmel, die alle zusammen eine einzige Kirche bilden. *Wir glauben,* dass in dieser Gemeinschaft die barmherzige Liebe Gottes und seiner Heiligen beständig unsere Gebete hört, gemäß dem Wort Jesu: »Bittet, dann

---

[36] Vgl. 1 Joh 3,2; DH 1000.
[37] Vgl. II. Vatikanisches Konzil, Dogmatische Konstitution *Lumen gentium* 49.

wird euch gegeben.«[38] Und durch den Glauben und in der Hoffnung erwarten wir die Auferstehung der Toten und das Leben der kommenden Welt.

Gott, der heilig, heilig, heilig ist, sei gepriesen. Amen.

---

[38] Lk 11,9–10; Joh 16,24.

Der authentische und unversehrte Glaube als Fundament eines wahrhaft christlichen Lebens

Ansprache bei der Generalaudienz am 30. Oktober 1968

Das »Credo des Gottesvolkes«

Geliebte Söhne und Töchter!
Anlässlich des Christkönigsfestes, das wir am vergangenen Sonntag gefeiert haben, ist in vielen Kirchen der Welt das Glaubensbekenntnis gesprochen worden, das Wir selbst am 30. Juni auf dem Petersplatz zum Abschluss des Gedenkens an das Martyrium der heiligen Apostel Petrus und Paulus vorgetragen haben, das als »Jahr des Glaubens« gefeiert und nun beendet wurde mit diesem Unserem feierlichen Glaubensbekenntnis,

das den Namen »Credo des Gottesvolkes« bekommen hat. Ihr erinnert euch: Es ist eine –
mit ausdrücklicher Bezugnahme auf einige
Punkte der Lehre erweiterte – Wiederholung
des Glaubensbekenntnisses von Nizäa, das,
wie ihr wisst, die berühmte Formel des Glaubens ist, die auf dem ersten ökumenischen
Konzil, nämlich dem von Nizäa (im Jahre 325,
wenige Jahre nach der Anerkennung der Freiheit der Kirche durch das Edikt Konstantins
aus dem Jahre 313) beschlossen wurde – eine
Formel, die sich in lateinischer Sprache verbreitet hat, vor allem durch die Übersetzung
des Hilarius von Poitiers (vgl. *De Synodis* 84,
PL 10, 536) und die in der Substanz auch von
uns noch in der heiligen Messe wiederholt
wird, zu der nach dem Messformular das
Sprechen des Credos gehört.

Der Anfang des Heils des Menschen

Als kurze Zusammenfassung der hauptsäch-
lichen Wahrheiten, die von der katholischen

Kirche, der lateinischen wie der orthodoxen, geglaubt werden, hat dieses Credo die Maßgeblichkeit eines offiziellen Bekenntnisses unseres Glaubens angenommen. Zu dem objektiven lehrhaften Wert ist dadurch, wie es offensichtlich ist, der subjektive Wert unserer persönlichen und gemeinschaftlichen Zustimmung zu eben diesen Wahrheiten hinzugekommen, welche die Kirche als von der Offenbarung abgeleitet ansieht. Und daher kann das Credo mit entscheidender Autorität und mit stärkender Kraft in das Durcheinander unseres verwirrten und beunruhigten Gewissens eintreten, um in die fundamentalen Punkte Licht und Ordnung hineinzubringen im Hinblick auf die religiösen Fragen, die die wichtigsten und schwierigsten Fragen in unserem Leben sind. Es ist daher notwendig, beim Sprechen des Credos das Zusammentreffen des objektiven Glaubens (der zu glaubenden Wahrheiten) mit dem subjektiven Glauben (dem tugendhaften Akt der Zustimmung zu diesen Wahrheiten) stets zu vergegenwärtigen.

Weshalb haben Wir die Aufmerksamkeit der Kirche auf diesen doppelten Aspekt des Glaubensbekenntnisses gezogen? Wie ihr wisst, sind es zwei Gründe. Der erste Grund: Weil der Glaube, wie das Konzil von Trient mit skrupulöser Treue den Gedanken des heiligen Paulus (vgl. Röm 3,21–28) wiedergab, sagt: *Fides est humanae salutis initium, fundamentum et radix omnis iustificationis* (Sessio VI., Dekret zur Rechtfertigung, Kap. 8). Der Glaube ist der Beginn des Heils des Menschen, das Fundament und die Wurzel jeder Rechtfertigung –, das heißt unserer Wiedergeburt in Christus, unserer Erlösung und unseres gegenwärtigen und ewigen Heils. »Ohne Glauben aber ist es unmöglich, Gott zu gefallen« (Hebr 11,6).

Der Glaube ist unsere erste Pflicht. Der Glaube ist für uns eine Lebensfrage. Der Glaube ist das unersetzbare Prinzip des Christentums. Er ist das Zentrum der Einheit. Er ist der fundamentale Daseinsgrund unserer Religion.

Und der zweite Grund ist dieser: weil heute – im Gegensatz zu dem, was zusam-

men mit dem Fortschritt des Menschen geschehen müsste – der Glaube (oder sagen wir
die Zustimmung zum Glauben) schwieriger
geworden ist. In philosophischer Hinsicht:
Wegen der zunehmenden Infragestellung
der Gesetze des spekulativen Denkens, der
natürlichen Rationalität, der Gültigkeit der
menschlichen Gewissheiten; der Zweifel, des
Agnostizismus, des Sophismus, des beden-
kenlosen Auftretens des Absurden, der Ab-
lehnung der Logik und der Metaphysik usw.
wird der Geist des modernen Menschen erschüttert. Wenn das Denken in seinen inneren rationalen Erfordernissen nicht mehr respektiert wird, dann leidet darunter auch der
Glaube – der, daran wollen Wir hier erinnern, auf die Vernunft angewiesen ist; er
übersteigt sie, aber er ist auf sie angewiesen.
Der Glaube ist kein Fideismus, das heißt ein
Glaube ohne vernünftige Grundlagen. Er ist
auch nicht nur ein unbestimmtes Suchen
nach irgendeiner religiösen Erfahrung: Er
ist der Besitz der Wahrheit, er ist Gewissheit. »Wenn aber dein Auge krank ist«, sagt

Jesus, »dann wird dein ganzer Körper fins-
ter sein« (Mt 6,23).

Irrwege und Irrtümer unserer Zeit

Wir können leider hinzufügen: Der Glaubensakt ist heute auch psychologisch schwieriger geworden. Heute erkennt der Mensch
vor allem auf dem Weg über die Sinne: Man
spricht von einer Kultur des Bildes. Jede Erkenntnis wird in Darstellungen und Zeichen
übersetzt. Die Wirklichkeit wird an dem ge-
messen, was man sieht und was man hört.
Der Glaube dagegen erfordert den Gebrauch
des Geistes, der sich einer Sphäre von Wirklichkeiten zuwendet, die sich der sinnenhaf-
ten Beobachtung entziehen. Und Wir stellen
ferner fest, dass die Schwierigkeiten sich auch
aus den philologischen, exegetischen, histori-
schen Studien ergeben, die auf jene erste
Quelle der offenbarten Wahrheit angewandt
werden, welche die Heilige Schrift ist: Ohne
die Ergänzung, die von der Tradition und

dem autoritativen Beistand des kirchlichen Lehramts ausgeht, ist auch das Studium der Bibel allein voller Zweifel und Probleme, die den Glauben eher verwirren als stärken. Es wird der individuellen Initiative überlassen, es bringt einen solchen Pluralismus der Meinungen hervor, dass der Glaube in seiner subjektiven Gewissheit erschüttert und dass ihm seine gesellschaftliche Maßgeblichkeit genommen wird. So erzeugt ein solcher Glaube Hindernisse für die Einheit der Gläubigen, während der Glaube doch die Grundlage der ideellen und spirituellen Gemeinsamkeit sein soll: Der Glaube ist einer (vgl. Eph 4,5).

Wir sprechen darüber mit Schmerz, aber es ist so, auch deswegen, weil die Heilmittel, die man von so vielen Seiten für die modernen Krisen des Glaubens beizubringen versucht, oft trügerisch sind. Es gibt einige, die, um dem Inhalt des Glaubens Glaubwürdigkeit zurückzugeben, diesen auf einige grundlegende Sätze reduzieren, von denen sie glauben, sie seien der authentische Sinn der Quellen des Christentums und der Heiligen Schrift selbst.

Es ist überflüssig zu sagen, wie willkürlich – auch wenn sie sich mit dem Schein der Wissenschaftlichkeit umgibt – und wie verderblich eine solche Vorgehensweise ist. Und es gibt andere, die mit Kriterien eines bestürzenden Empirismus sich anmaßen, eine Auswahl unter den vielen Wahrheiten zu treffen, die von unserem Credo gelehrt werden, um dann diejenigen zurückzuweisen, die nicht gefallen, und einige aufrechtzuerhalten, die für gefälliger gehalten werden. Und dann gibt es einige, die die Lehren des Glaubens der modernen Mentalität anzupassen versuchen und dabei oft diese Mentalität, sei sie profan oder spiritualistisch, zur Methode und zum Maß des religiösen Denkens machen. Das Bemühen – das an sich durchaus Lob und Verständnis verdient – vonseiten dieses Systems, die Wahrheiten des Glaubens in Begriffen auszudrücken, die der Sprache und der Mentalität unserer Zeit zugänglich sind, ist manchmal dem Wunsch nach einem leichteren Erfolg gewichen, aus dem heraus gewisse »schwierige Dogmen« verschwiegen, abgemildert oder verfälscht werden. Ein gefährlicher, wenn auch gebotener Versuch – und einer wohlwollenden Aufnahme nur dann würdig, wenn er bei der zugänglicheren Darbietung der Lehre dieser ihre echte Integrität bewahrt. »Euer Ja sei ein Ja, euer Nein ein Nein«, sagt der Herr (Mt 5,37; Jak 5,12), und schließt so jede künstliche Mehrdeutigkeit aus.

Das wunderbare Geschenk bewahren und leben

Diese dramatische Situation des Glaubens in unseren Tagen lässt Uns an den weisen Ausspruch des Konzils denken: »Die heilige Überlieferung, die Heilige Schrift und das Lehramt der Kirche sind gemäß dem weisen Ratschluss Gottes so miteinander verknüpft und einander zugesellt, dass keines ohne die anderen besteht« (Dogmatische Konstitution *Dei Verbum* 10). So ist es – was den objektiven Glauben betrifft, das heißt wenn es darum geht, genau zu wissen, was wir glauben sollen. Aber was den subjektiven Glauben betrifft, was werden wir tun, nachdem wir ehrlich und beharrlich zugehört, studiert, meditiert haben? Werden wir den Glauben haben?

Wir können mit einem Ja antworten, aber müssen dabei immer einen fundamentalen und in gewisser Weise furchtbaren Aspekt des Problems berücksichtigen, nämlich dass der Glaube eine Gnade ist. »Doch nicht alle«, sagt der heilige Paulus, »sind dem Evangelium gehorsam geworden« (Röm 10,16). Und dann, was wird mit uns sein? Werden wir unter den Glücklichen sein, die die Gnade des Glaubens erhalten werden? Ja, antworten Wir. Aber er ist ein Geschenk, das man wertschätzen muss, das man hüten muss, über das man sich freuen muss, das man im Leben umsetzen muss. Und einstweilen muss man es durch das Gebet erflehen, wie der Mann im Evangelium: »Ich glaube, [Herr], hilf meinem Unglauben!« (Mk 9,24).

Wir wollen beten, geliebte Kinder, zum Beispiel so:

Gebet des Papstes um Stärkung des Glaubens

Herr, ich glaube; ich *will* an Dich glauben.

O Herr, gib, dass mein Glaube vollkommen sei, ohne Vorbehalte, und dass er mein Denken durchdringe, meine Weise, die göttlichen und die menschlichen Dinge zu beurteilen.

O Herr, gib, dass mein Glaube frei sei, dass er also die persönliche Mitwirkung meiner Zustimmung habe, dass er den Verzicht und die Pflichten annehme, die er mit sich bringt, und dass er das Beste meiner Persönlichkeit zum Ausdruck bringe: Ich glaube an Dich, Herr.

O Herr, gib, dass mein Glaube gewiss sei, gewiss aufgrund der Übereinstimmung der Beweise außen und aufgrund des Zeugnisses des Heiligen Geistes innen, gewiss durch ein Licht, das uns Sicherheit gebe, durch eine

Lösung, die uns Frieden verschaffe, durch ein Annehmen, das uns Ruhe bringe.

O Herr, gib, dass mein Glaube stark sei, dass er die Widrigkeiten der Probleme nicht fürchte, von denen unser nach Licht dürstendes Leben voll ist, und dass er den Widerstand derjenigen nicht fürchte, die ihn bestreiten, bekämpfen, ablehnen, negieren, sondern dass er sich durch den Beweis Deiner Wahrheit im Innersten festige, dass er der mühevollen Herausforderung der Kritik widerstehe und sich in der fortwährenden Bejahung kräftige, welche die dialektischen und spirituellen Schwierigkeiten überwindet, in denen sich unsere zeitliche Existenz vollzieht.

O Herr, gib, dass mein Glaube froh sei und meinem Geist Frieden und Freude gebe und dass er ihn zum Gebet zu Gott und zum Gespräch mit den Menschen befähige, sodass in das heilige und das profane Gespräch die innere Seligkeit seines glücklichen Besitzes hineinstrahle.

O Herr, gib, dass mein Glaube wirksam sei und der Liebe die Gründe gebe für sein moralisches Sichausbreiten, sodass er wahre Freundschaft mit Dir sei und in den Werken, im Leiden, in der Erwartung der endgültigen Offenbarung eine fortwährende Suche nach Dir, ein fortwährendes Zeugnis von Dir, eine fortwährende Nahrung für die Hoffnung sei.

O Herr, gib, dass mein Glaube demütig sei und sich nicht anmaße, sich auf die Erfahrung meines Denkens und meines Empfindens zu gründen, sondern dass er sich dem Zeugnis des Heiligen Geistes ergebe und dass er keine bessere Garantie als in der Folgsamkeit gegenüber der Tradition und der Autorität des Lehramtes der heiligen Kirche habe. Amen.

So soll nun, auch für Uns und für euch alle, das »Jahr des Glaubens« abgeschlossen werden mit Unserem Apostolischen Segen.

(30. Oktober 1968)

Dies ist die Zeit

Dies ist die entscheidende *Zeit*,
die *Zeit* des Glaubens,
die *Zeit*, die das Wort Jesu,
auch wenn es nicht verstanden wird,
in seiner vollen Gestalt annimmt:
die *Zeit*, in der wir das »Geheimnis des
Glaubens« feiern.

VIII, 236 (26. März 1970)

Dies ist, mehr als je zuvor,
die *Zeit* der Klarheit
für den Glauben der Kirche.

VIII, 587 (18. Mai 1970)

Es ist eine schwierige *Zeit*, die wir
durchschreiten.
Alles bewegt sich, alles scheint sich von
der Religion,
vom Glauben, vom moralischen Gesetz
zu lösen.
Alles wird zum Problem.
Es ist eine *Zeit* des Sturms.

IX, 538 (19. Juni 1971)

Dies ist die *Zeit* des starken Willens,
der großen Entscheidungen:
Die Stimme Christi ruft uns alle,
uns ganz und gar für die Brüder zu en-
gagieren.
Niemand soll fernbleiben.

IX, 1119 (23. Dezember 1971)

Dies ist die große und entscheidende
Zeit,
für die es des Mutes bedarf,
mit offenen Augen
und unerschrockenem Herzen zu leben.

XIV, 17 (7. Januar 1976)

Ja, die *Zeit* ist gekommen,
durch karitatives, gutes, umsichtiges,
soziales und brüderliches Handeln
unseren Glauben zu bezeugen.
Und möge es der Wille des Herrn sein,
dass wir bereit und aufnahmefähig sind
für den Ruf des Evangeliums
zu einem neuen und wahren Fortschritt
des Menschen.

XIV, 885 (27. Oktober 1976)

Über den Autor:

Leonardo Sapienza ist »Reggente« in der Prä-
fektur des Päpstlichen Hauses. Am 9. 2. 2013
hat ihn Papst Benedikt XVI. als eine seiner
letzten Amtshandlungen zum »Apostolischen
Protonotar« ernannt. Er gehört somit dem
Gremium an, das die Aufgaben der Notare
des Papstes und des Heiligen Stuhls etwa für
Heiligsprechungen oder für ein Konklave
wahrnimmt.

Benedikt XVI.

Ich habe mich nie
allein gefühlt

Papst Benedikt XVI., der erste deutsche Papst nach 482 Jahren auf
dem Stuhl Petri, wurde am 19. April 2005 von den Kardinälen zum
Kirchenoberhaupt gewählt. Er nahm den Namen Benedikt XVI. an.

Aufgrund seines fortgeschrittenen Alters, der körperlichen Schwäche und anderer gesundheitlicher Gründe erklärte er am 11. Februar 2013 seinen Rücktritt zum 28. Februar 2013, 20.00 Uhr. Dies
war ein historisches Ereignis: einen Pontifex, der nicht durch den
Tod aus dem Amt scheidet, hat es seit 1294 nicht mehr gegeben.
Für viele Gläubige war es eine große Überraschung und teilweise
auch ein Schock.

Zur Erinnerung an den großen deutschen Papst, der wohl einmal
zum Kirchenlehrer ernannt werden dürfte, sind in diesem Erinne-
rungsband seine letzten Reden nach der Rücktrittsankündigung
enthalten.

Geb., 12 x 19 cm
112 Seiten
€ 12,50 (D), € 12,85 (A)
ISBN 978-3-9815943-2-4